Louis Vitet

La Collection Campana

Beaux-Arts

 Le code de la propriété intellectuelle du 1er juillet 1992 interdit en effet expressément la photocopie à usage collectif sans autorisation des ayants droit. Or, cette pratique s'est généralisée dans les établissements d'enseignement supérieur, provoquant une baisse brutale des achats de livres et de revues, au point que la possibilité même pour les auteurs de créer des œuvres nouvelles et de les faire éditer correctement est aujourd'hui menacée. En application de la loi du 11 mars 1957, il est interdit de reproduire intégralement ou partiellement le présent ouvrage, sur quelque support que ce soir, sans autorisation de l'Éditeur ou du Centre Français d'Exploitation du Droit de Copie , 20, rue Grands Augustins, 75006 Paris.

ISBN : 978-1976288685

10 9 8 7 6 5 4 3 2 1

Louis Vitet

La Collection Campana

Beaux-Arts

Table de Matières

Introduction 6

Section I 10

Section II 24

Introduction

Depuis que nous savons, par quelques mots du *Moniteur*, que la collection Campana ne sera pas érigée, comme on le pensait d'abord, en musée spécial et indépendant, qu'on ne lui bâtira pas un palais, et qu'elle ira tout simplement se fondre dans les galeries du Louvre, remarquez-vous comme on en parle moins ? Jusque-là c'était un enthousiasme qui ne pouvait se contenir, et dont pendant trois mois tous les journaux, *le Moniteur* en tête, nous envoyaient l'écho chaque matin, D'où vient le calme d'aujourd'hui ? Pourquoi cette froideur subite ? Tout ce concert d'admiration n'était-il donc qu'un plaidoyer, et parce que la sentence est rendue, les avocats n'ont-ils plus rien à dire ? ou bien serait-il vrai, comme ils l'annonçaient tous, que le principal intérêt de cette collection était dans son autonomie, que diviser cet harmonieux ensemble, rompre ce précieux faisceau, c'était nécessairement diminuer la valeur non-seulement de la collection même, mais de chacun des objets dont elle est composée ? Si tel est en effet le résultat probable du parti qu'on a pris, nous nous joignons à ceux qui le déplorent, et nous comprenons leur silence ; mais ces craintes sont-elles vraiment fondées ? Nous avons sur ce point quelques doutes. Essayons de les éclaircir pendant qu'il en est temps encore, pendant que nous avons devant nous la pièce du procès, la collection dans son intégrité et son indépendance, telle qu'on voudrait la maintenir. Soit simple curiosité, soit, si l'on veut esprit de contradiction, c'est depuis qu'on ne dit plus rien du musée Campana que l'envie nous vient d'en parler.

Il est vrai que nous ne commençons pas à nous en occuper seulement d'aujourd'hui. Voilà déjà longtemps que l'acquisition par la France de ce magnifique amas de trésors archéologiques était notre ambition, notre rêve. Dès 1838, il y a vingt-quatre ans, la galerie Campana avait acquis dans l'Europe savante une immense célébrité. Elle passait à bon droit, même à Rome, pour la collection particulière la plus riche et la plus variée, bien qu'il n'y fût encore entré que moitié tout au plus des objets qui plus tard la devaient enrichir. L'accès alors n'en était pas facile, et l'examen rapide que tolérait son ombrageux propriétaire ajoutait un certain mystère à sa célébrité. Pour nous, c'est seulement il y a cinq ans,

Louis Vitet

quelques semaines avant la catastrophe encore incompréhensible de cet opulent antiquaire, que nous avions obtenu de bien voir sa galerie et de l'étudier à loisir.

Si quelque chose semblait exclure le caractère soi-disant méthodique que, par une sorte de mot d'ordre, on est convenu chez nous d'attribuer à cette collection, pour la recommander au public parisien, c'était la façon dont à Rome elle était logée, classée, distribuée. Ces détails matériels prouvaient du premier coup, même aux moins clairvoyants, que jamais le marquis Campana n'avait eu le dessein qu'on lui prête de faire de sa galerie une sorte d'enseignement pratique et comme un cours complet d'histoire de l'art. Imaginez qu'à l'exception de deux ou trois séries favorites, les bijoux, une partie des vases et presque tous les bronzes, qu'il avait étalées avec assez de soin et de coquetterie dans son palais de la rue *del Babuino*, sauf aussi quelques marbres qui ornaient sa villa, toute cette vaste collection était exposée çà et là et presque pêle-mêle dans les salles ou, pour mieux dire, dans les greniers du grand établissement public dont le marquis avait la direction, le mont-de-piété de Rome. Évidemment il ignorait lui-même la plupart des objets que, depuis tant d'années, il entassait dans cette sorte de garde-meuble. Ce n'était, il est vrai, qu'un dépôt provisoire ; mais le provisoire aurait duré toujours, si notre infatigable amateur, en même temps qu'il usait du local, n'eût usé du crédit de l'établissement, et si le sans-façon de sa comptabilité n'eût fini par être découvert. Cette manière d'opérer avait le grand défaut de lui fournir tout à la fois une excuse et une excitation. Ce n'était pas, croyait-il, détourner les deniers confiés à sa garde que de s'en servir ainsi, puisqu'à mesure qu'il les employait à se passer ses fantaisies, il laissait comme en gage aux mains de son prêteur les objets qu'il avait acquis. Ce qui lui manquait, à vrai dire, encore plus que la bonne volonté, pour voir clair dans ses affaires, c'était le temps. La chasse aux œuvres d'art l'absorbait tout entier. C'était sa passion, sa manie : il en avait l'instinct, le flair pour ainsi dire, et se laissait emporter à l'attrait du gibier. Achetait-il un terrain pour y pratiquer une fouille, presque toujours il trouvait quelque chose ; mais pour un objet nouveau, important et intact, que de banalités ne ramassait-il pas, que de redites, que de fragments et de mutilations ! Et, le mauvais comme le bon, tout allait au mont-de-piété. Il en était de même de ses acquisitions ; que de fois pour s'assurer d'une œuvre qui l'avait alléché n'était-il pas forcé de l'acheter en bloc avec vingt autres dont il ne voulait pas ! Or rarement il triait et élaguait, si ce n'était par voie de troc et d'échange, car il avait la maladie de l'antiquaire italien, il était plus ou moins brocanteur en antiquités. De là son goût pour les restaurations. Il fallait bien tirer parti des fragments, des débris dont ses magasins étaient pleins. Aussi avait-il à ses gages toute une armée d'habiles rhabilleurs, jeunes gens de talent, qui ne travaillaient que pour lui.

Faut-il donc, s'étonner qu'on n'ait trouvé au jour de son désastre ni catalogues raisonnés, ni inventaires bien dressés, ni rien de ce qui constitue une collection formée avec maturité, méthode et sobriété. On pourra dire de cette galerie tout le bien qu'on voudra, on la pourra vanter, admirer sans mesure : s'il ne s'agit que de la valeur individuelle d'un grand nombre d'objets qu'elle renferme, ou même d'un certain ensemble, d'une certaine abondance dans quelques catégories d'objets, nous adhérons à cette admiration, et tout à l'heure la preuve en sera donnée ; mais prétendre y avoir découvert, comme on l'a pompeusement déclaré, une grande unité, « un but entièrement neuf, et qui n'a d'analogue nulle part, les éléments complets d'une nouvelle histoire de l'art dans toutes ses transformations, » c'est pure chimère, à notre avis, et, qui plus est, grande imprudence.

D'où vient en effet la défaveur presque subite, ou du moins l'extrême indifférence qu'a rencontrée chez nous l'exposition de cette galerie ? D'où vient que les vastes salles du Palais de l'Industrie sont devenues si promptement désertes ? qu'après le premier flot passé le nombre des visiteurs n'a plus égalé qu'à grand'peine celui des gardiens, et qu'on s'est trouvé plus à l'aise les jours publics que le jour réservé ? D'où vient surtout qu'à l'étranger, à Londres et à Berlin, les hommes du métier ont mis si peu de charité, nous dirions presque tant d'aigreur, à divulguer les côtés vulnérables de notre acquisition, l'importance de certaines lacunes, l'extrême élévation du prix ? La faute en est sans doute à nous-mêmes, à ce public parisien qui n'aime guère les arts, puis à l'esprit de jalousie dont les meilleurs voisins ne sauraient être exempts ; mais avant tout il faut s'en prendre au zèle des preneurs officiels, au ton provocateur de leurs panégyriques. Si dès l'abord ils avaient

Louis Vitet

dit tout franchement, comme on en convient aujourd'hui, que l'état venait de faire une excellente emplette pour compléter nos collections, et si, après un choix sévère et un triage rigoureux, deux ou trois salles du nouveau Louvre s'étaient un jour trouvées garnies d'objets d'une exquise finesse, d'une évidente rareté et d'une valeur incontestable, la critique aurait mis bas les armes ; on n'aurait soufflé mot ni à Londres ni à Berlin, et notre public lui-même aurait pris goût à cette acquisition ; mais on a voulu faire un grand coup de théâtre, inaugurer un grand musée, le plus grand qu'on eût encore vu, le décorer du nom du souverain, et démontrer par chiffres aux contribuables qu'ils en avaient pour leur argent ; de là cette profusion, ces interminables suites d'objets toujours les mêmes, et cette multitude de pièces équivoques qui jettent sur les morceaux de choix un reflet triste et incertain.

Cette façon de procéder, il faut être juste, a cependant eu un heureux résultat : elle a mis en lumière chez trois hommes d'un talent modeste une aptitude toute spéciale, qui, sans cette occasion peut-être, serait restée inaperçue. Si les conservateurs des galeries du Louvre avaient été dès le principe, comme on devait s'y attendre, chargés d'acquérir, de transporter en France, de classer et de mettre en ordre cette annexe de leurs collections, nous n'aurions à donner aujourd'hui ni éloges ni remercîments soit à M. Sébastien Cornu, soit à ses deux adjoints, MM. Clément et Saglio. C'est le projet de musée séparé qui les avait créés conservateurs : ils le seront désormais, non plus de fait, presque de droit. M. Clément est trop connu des lecteurs de cette *Revue* pour qu'il soit besoin de leur dire qu'il avait tous les titres à ce genre de mission. Tout en surveillant l'emballage, le déballage, le classement de ces milliers d'objets, il a trouvé moyen de dresser avec clarté, méthode et diligence un très bon catalogue des bijoux de la collection. Pas plus que ses deux collègues, il n'avait encore mis la main à l'arrangement d'un musée ; mais ils ont tous les trois débuté par un coup de maître, avec un zèle de néophytes et une habileté qu'on aurait prise pour de l'expérience. Tout ce que l'exactitude, l'esprit d'ordre, le goût, la bonne entente pouvaient tenter pour sauver le vice radical de cette exposition, ils l'ont bravement mis en œuvre. Ce n'est certes pas leur faute si le succès n'a pas été plus grand, si ce malheureux système de tout produire et de tout étaler sans choix et sans mesure a rebuté le public qu'on pensait éblouir. Maintenant que le mal est fait et qu'on entre un peu tard dans une voie nouvelle, nous ne craignons qu'une chose, c'est qu'on s'y lance trop avant. Telle est l'histoire des réactions. Nous ne voudrions pas qu'au Louvre on prît trop vivement le contre-pied du Palais de l'Industrie, que de peur de trop réunir on crût devoir trop disperser. Conserver, sans en rien distraire, dans sa soi-disant unité, comme une sorte d'arche sainte, la collection tout entière, c'était peu raisonnable ; mais l'égrener pièce à pièce, la dissoudre, la fondre, ne pas lui laisser un corps et n'en conserver que des membres épars, ne serait-ce pas un excès opposé ? Sans être un tout indivisible, cette galerie, surtout dans quelques-unes de ses parties, a son genre d'individualité, unité moins fastueuse que celle qu'on rêvait pour elle, unité de caractère, et de provenance seulement, mais qu'il serait fâcheux de ne pas respecter à un certain degré. Comprend-on bien notre pensée ? Nous ne cherchons au fond qu'à défendre et même à réhabiliter cette collection Campana que nous aimons, que nous tenons encore pour opulente et belle, tout ébréchée qu'elle soit, mais nous prétendons la servir par d'autres arguments que ses avocats d'office : nous voulons commencer par dire les vérités, toutes les vérités dont ils ont fait mystère ou qu'ils affectent de dédaigner. Quand nous aurons tout dit, tout confessé, nous serons moins suspect, et peut-être nous croira-t-on si en définitive nous affirmons que, plus heureux que sages, il nous reste encore un trésor vraiment digne d'envie.

Section I

Voyons donc ce qu'on dit hors de France de notre acquisition, ce qu'on en dit à Londres, à Berlin, surtout à Saint-Pétersbourg.

Tout se borne à deux points :

1° La collection n'est pas complète : les pièces capitales en ont été distraites. Nous n'avons pas le premier choix, la véritable fleur de certaines séries ;

2° Fût-elle en son entier, le prix que nous l'avons payée dépasserait encore et de beaucoup sa vraie valeur.

Voilà deux assertions, dont une seule, la première, peut être utilement discutée.

En effet, nous connaissons, nous avons vu ces pièces qui nous manquent, et ces objets prélevés par un marché antérieur au nôtre ; nous en savons le nombre, la qualité, l'importance, nous pouvons donc en dire franchement notre avis.

Quant au prix, c'est une autre question, d'un genre plus délicat. Rien d'aussi malaisé que d'établir exactement la valeur des anciens objets d'art. Tout dépend du moment, de l'occasion, du plus ou moins de concurrence, des variations de la mode et du goût. Il en peut résulter de telles différences, que sur plusieurs milliers d'objets se tromper d'un ou deux millions n'aurait rien de très extraordinaire. Il y a donc tout au moins grande témérité à prétendre si bien savoir que la valeur marchande est ici dépassée, et qu'à vendre en détail ce qu'on nous a livré jamais nous ne retrouverions nos quatre millions trois cent soixante mille francs, plus la somme assez ronde que l'emballage et le transport ont dû coûter. De quoi s'agit-il après tout ? D'évaluations, d'appréciations, de conjectures purement personnelles, dont le contrôle est impossible. Les uns vous disent : On a manqué l'occasion ; en étant plus alerte, en s'y prenant trois mois plus tôt, on acquérait toute la collection, intacte, sans lacune, et qui plus est à meilleur prix ; d'autres, sans récriminer, sans parler d'occasion perdue, se récrient seulement sur la grosseur du chiffre. À quoi pensent-ils donc ? Se croient-ils de quinze ans en arrière, dans ces temps d'habitudes mesquines et bourgeoises ? Aujourd'hui que tout s'est agrandi, et surtout les dépenses publiques, voudrait-on persister, seulement pour les arts, dans la vieille parcimonie ? Aussi bien ce n'est qu'à ces pauvres arts qu'on fait ces sortes de querelles. Songez que ce même argent pouvait passer à d'autres dépenses sur lesquelles vous n'auriez mot à dire ! Un essai d'uniforme dans quelques régiments, un essai de cuirasse à quelques bâtiments, c'est plus qu'il n'en faudrait pour acquérir encore deux musées Campana. Et qu'en resterait-il ? Du vieux fer et de vieux galons ! Antiquailles pour antiquailles, vaut-il pas mieux de vieux chefs-d'œuvre ? Ne vous plaignez donc pas qu'une fois par hasard on nous ait fait largesse. Un musée de plus, même un peu grassement payé, c'est un beau luxe pour un peuple, et ce n'est pas là ce qui le ruine. Ainsi glissons sur ce chapitre, et ne parlons que de l'autre question, qui seule nous doit sérieusement

Section I

arrêter.

Il s'agit de se rendre compte du tort réel qu'a fait à notre collection le prélèvement opéré au profit du gouvernement russe, car c'est là cette brèche sur laquelle il faut nous expliquer. Or pourquoi le dissimuler ? le tort est considérable. Et peut-il en être autrement ? Dites à un homme de choisir parmi certains objets ceux qu'il croira les plus précieux : pour peu qu'il ne soit pas myope et qu'il ait la moindre culture, vous n'avez pas lieu d'espérer qu'il choisira les pièces de rebut. Or le commissaire russe, qui trois mois, jour pour jour, avant que la France conclût l'achat de la collection tout entière, avait acquis le droit de glaner avant la moisson, dans trois séries principales, les vases, les bronzes et les marbres, M. E. Guédéonov, nous paraît avoir eu non-seulement de bons yeux, mais un goût sûr et exercé. Nous en jugeons par ses choix. C'est un bonheur qu'on ne lui ait pas permis de montrer ce même savoir-faire dans, les autres séries, notamment dans les bijoux, les verres et les terres cuites ; car s'il avait fallu, là aussi, ne venir qu'après lui, quelque précieux que pussent être ses restes, et si bonne à saisir que l'occasion dût être encore, nous n'aurions jamais eu le courage de souhaiter qu'on traitât pour nous. Au moins faut-il sur quelques branches avoir les feuilles et les fruits. Tout à l'heure nous verrons dans un coup d'œil d'ensemble si ces rameaux restés vierges nous doivent consoler, s'ils compensent pour nous ceux qui ne le sont plus. Ils ont au moins cet avantage d'être les plus nombreux : sont-ils aussi les plus précieux ? Pour nous en rendre compte, il faut qu'on nous permette de parcourir toute la collection. Nous allons étudier chaque série l'une après l'autre, en commençant par celles où la France est le moins bien traitée.

Nous n'avons garde, cela s'entend, d'accepter et de prendre à la lettre tout ce que M. Guédéonov a dit et imprimé sur son compte, ou plutôt sur le compte de sa mission,[1] car, sans se mettre en scène et sans paraître se faire valoir, il ne tend à rien moins qu'à prouver à son gouvernement et au public européen que tout est de premier ordre dans les choix qu'il a faits, et que partout où il a passé ce qui reste ne vaut pas grand'chose.

Cela nous semble fort exagéré. D'abord il a bien pu se tromper

---

[1] *Notice sur les objets d'art de la galerie Canpana à Rome acquis pour le musée impérial de l'Ermitage.* Paris 1861.

quelquefois, et souvent, tout en choisissant bien, laisser au moins l'équivalent de ce qu'il avait choisi. Ainsi, dans la série des marbres, nos souvenirs ne nous rappellent pas qu'il y eût beaucoup d'œuvres non pas même supérieures, mais seulement égales à ce torse vraiment admirable qu'on nous donne pour le torse d'un Actéon, nous ne savons trop pourquoi (peu importe l'attribution), et qui est placé dans le grand salon carré, sous le numéro 102, en pendant d'un Bacchus très mutilé, mais charmant de travail, et dans le voisinage, d'une grande Vénus déshonorée par la plus pauvre restauration, mais conservant pourtant dans certaines parties des caractères de vraie beauté. Ces trois statues, et le torse surtout, qui a tous les droits du monde à passer pour une œuvre grecque, et qui, par la largeur du style et le feu de l'exécution, ne peut manquer d'appartenir à une époque encore florissante, ces trois statues sont à coup sûr de même ordre et de même valeur que les meilleures de celles dont le musée de l'Ermitage paraît le plus s'enorgueillir. Nous ne les plaçons au-dessous ni de cette Junon d'Antium à moitié rapiécée, ni de ces deux Minerve et de ces trois ou quatre Mercure tout replâtrés en stuc, ni surtout de cette suite des neuf Muses, y compris même la Calliope et l'Euterpe, que M. Guédéonov nous donne pour des merveilles. Dans les quarante-trois statues qui lui ont été livrées, nous n'en voyons qu'un petit nombre, telles que la Naïade à la Coquille découverte à Palestrine, ou la petite Lychnophore trouvée à Cumes, qui puissent être sérieusement regrettées. Ajoutez-y quelques excellents bustes, un beau bas-relief des Niobides, un sarcophage remarquable, et vous aurez, dans la série des marbres, à peu près fait la part des pièces de premier ordre qui nous manquent. Or de notre côté nous avons en regard autre chose que les trois statues placées dans le salon carré ! Et d'abord un bon nombre de bustes qui ne le cèdent guère à ceux que nous n'avons pas, quelques bonnes statues impériales, et un Amour bandant son arc, de petite dimension, bien mutilé, assez mal rajusté, mais, dans quelques parties, du faire le plus délicat. On pourrait donc, vous le voyez, presque hésiter entre les deux lots.

Ce qu'il faut dire, c'est qu'en fait de statues, de bustes, de bas-reliefs, de marbres sculptés en un mot, il n'y avait, dans tout le musée Campana, rien d'assez beau, d'assez frappant, d'assez vraiment hors ligne pour couper court à toute hésitation et faire qu'au premier regard, chacun désignât la même œuvre, en s'écriant : Voilà la perle de la collection ! Au contraire, le doute et le tâtonnement étaient inévitables. De là cette sorte d'équilibre qui semble exister encore, même après un prélèvement de soixante-dix-huit pièces, entre la part du choix et la part du hasard. Le grand malheur de celle-ci, qui est la nôtre, est de n'avoir pas subi une salutaire épuration. À ces œuvres d'élite qui décorent le salon carré et ses abords, s'ajoute un complément d'une médiocrité lamentable. Vous avez là deux ou trois grandes salles entièrement garnies d'œuvres des plus bas temps et du plus lourd travail. Ce ne sont pas même des fragments de franche décadence, des jalons archéologiques utiles à consulter ; c'est pis que de la barbarie, c'est le produit inerte d'une civilisation endormie, hébétée, le dernier mot de la Rome impériale. Il fallait à tout prix ne pas exposer ce rebut, ou tout au moins permettre au spectateur d'en éviter la rencontre et lui accorder la liberté de ne pas entrer dans ces salles. Or on a fait tout le contraire : par mesure de police, ces salles sont devenues la sortie nécessaire de tous les visiteurs. On redoutait la foule, et pour régler sa libre circulation, on a forcé les gens, même en pleine solitude, à passer cette triste revue, comme impression dernière du musée Campana. Rien de pareil à l'Ermitage, rien qui descende aussi bas dans le lot de M. Guédéonov ; le choix l'en a garanti ; et néanmoins ; comme chez nous il ne faut que vouloir pour être délivré de ce fastueux superflu, nous maintenons notre dire et croyons fermement que dans la série des marbres la part qui nous revient et celle qui nous échappe sont, tout bien compensé, de valeur à peu près égale. M. le commissaire russe se récriera peut-être, car sur ce chapitre des marbres ses illusions nous semblent grandes. Qu'il se rassure ; nous allons, malgré nous, lui donner sa revanche, car nous voici devant deux séries où il n'a eu la main que trop heureuse : nous parlons des vases et des bronzes.

Évidemment les bronzes étaient une des prédilections du créateur de cette galerie. Si peu connaisseur qu'on fût, il était impossible de visiter le palais de la rue *del Babuino* sans être émerveillé et du grand nombre, et de la variété, et de l'exquise élégance des œuvres de bronze antiques qui s'y trouvaient accumulées. Ni la collection de Florence, si précieuse qu'elle soit, ni même celle du Vatican, ne laissaient une telle impression ; il fallait aller jusqu'à Naples pour en sentir une plus vive et plus complète encore, grâce aux trésors que Stabies, Pompéi et Herculanum ont versés dans le musée Bourbon, et nous ne savons même si, notamment pour les armures, le cabinet Campana ne pouvait pas prétendre à surpasser tous les autres. Aussi, lorsqu'il y a quatre mois nous visitâmes pour la première fois ce grand salon carré où sont disposés en si bon ordre et avec tant d'art les bijoux, les verreries et les bronzes de la galerie, l'idée nous vint d'abord qu'une autre salle et d'autres vitrines devaient donner le complément de la série des bronzes. Nos souvenirs étaient comme en défaut. Cette série nous semblait encore belle, et même encore nombreuse, mais elle avait dans son ensemble plus de maigreur et moins de distinction qu'il y a cinq ans, à Rome, dans les salles, moins vastes il est vrai, du palais Campana. C'est qu'en effet il y manquait la plupart des figures et statuettes qui nous avaient le plus émerveillé, entre autres cette statue de grandeur demi-naturelle trouvée près de Pérouse, ce Lucumon portant collier, bracelet et diadème, figure couchée sur un cippe funéraire, si franchement étrusque et d'un travail si fin et si serré, puis ce groupe archaïque d'une femme et d'un guerrier étrusque armé de toutes pièces et le carquois à la main, et cet Hercule imberbe si pur et si puissant, et toutes ces figurines de dieux et de déesses qui semblaient se grouper autour du demi-dieu ; il y manquait le casque de *Bolsena*, si justement célèbre, casque étrusque en argent dont le cimier, en forme de trident, a pour support deux chevaux marins ailés d'une si franche allure, et puis cet autre casque portant en relief une tête de Méduse, cet autre surmonté d'une figure de cygne, et deux encore coiffés d'une tête de lion, sans compter les baudriers et les cuirasses, les glaives et les fers de lance tous décorés en saillie de figures d'animaux, de têtes d'aigle, de chimères de harpies ; il y manquait encore six candélabres incomparables comme forme et comme style, les uns supportés à la base, les autres couronnés au sommet par une élégante figure ; une vingtaine de miroirs gravés et à manches sculptés de la plus rare perfection, des vases en égal nombre et de formes exquises, enfin quelques ustensiles conçus et décorés artistement, bien que d'usage domestique, tels qu'on en voit à Naples une suite si prodigieuse dans le musée Bourbon. Tout cela réuni ne fait pas moins de cent trente-sept pièces de sculpture en métal, bien choisies, il faut le reconnaître, et vraiment de grand prix. Ne nous étonnons pas s'il en résulte un certain vide. Dans la collection la plus riche, on ne supprime pas ainsi cent trente-sept morceaux de choix sans que les rangs s'éclaircissent, surtout les premiers rangs, et c'est là le plus grave. S'il ne fallait que compter les pièces, le mal ne serait pas grand. Il nous en reste encore six fois plus qu'il ne nous en manque.

Mais là n'est pas notre consolation : ce qui vaut mieux, c'est que malgré tout nous possédons encore une assez large part d'œuvres de premier choix. Point de statues, peu de statuettes vraiment belles, point de candélabres à figures, ces catégories-là ont été presque épuisées ; mais en revanche nous avons un magnifique fragment de bas-relief repoussé, quelques belles armures, surtout des casques de forme et de travail peu vulgaires, plus de cent miroirs gravés dont quelques-uns très rares et d'une vraie beauté, une collection d'ustensiles domestiques et d'objets de toilette qui à elle seule vaut un petit musée, et enfin plusieurs beaux exemplaires de ces coffres de bronze connus sous le nom de cistes, monuments d'un très grand intérêt, dont la destination véritable n'est pas encore parfaitement connue, mais sur lesquels évidemment les artistes de l'antiquité exerçaient avec prédilection et leur science et leur talent. D'une main délicate et sûre ils dessinaient sur les parois de ces cylindres, soit d'après leurs propres idées, soit d'après les souvenirs des maîtres, des scènes gravées en creux, tandis qu'ils décoraient les pieds, les anses et surtout le couvercle de figures sculptées en relief. Le mélange de ce dessin à fleur de bronze et de ce robuste modelé est d'un effet délicieux. Il faut en convenir, c'est un heureux hasard que ces cistes nous soient restées, et si M. Guédéonov était libre de s'en emparer, il a droit à notre gratitude. Aussi nous vient-il un doute. Cinq de ces cistes, nous dit la notice officielle, proviennent des fouilles faites par le prince Barberini sur le sol de l'antique Préneste. Étaient-elles donc passées du palais Barberini au palais Campana ? ou bien les aurions-nous acquises, comme une partie des bijoux exposés dans cette même salle, par un marché supplémentaire, auquel cas l'abnégation de la Russie deviendrait toute naturelle ? A consulter nos propres souvenirs, nous penchons vers cette explication sans craindre qu'on nous accuse d'avoir mal deviné ; mais, quelle qu'en soit l'origine, ces cistes sont les bienvenues. Nous n'allons pas jusqu'à prétendre, comme le veut la notice, que la plus grande, le numéro 86, soit pour le moins égale à cette autre célèbre ciste que possède le *Collegio romano*, qu'a illustrée le P. Marchi et qu'il se chargeait d'expliquer avec tant d'obligeance et de feu à quiconque lui semblait prendre goût aux richesses de son musée Kircher. Élever à ce rang-là une de nos cistes, même la plus belle, c'est peut-être aller un peu loin ; mais elle n'en est pas moins un monument de premier ordre, d'autant plus précieux qu'il n'est pas isolé : cette ciste et ses compagnes forment un ensemble qui décore et relève singulièrement notre part dans la série des bronzes de la galerie Campana.

Vous le voyez, nous ne négligeons rien pour adoucir nos regrets et faire valoir ce qui nous reste ; mais qu'y faire ? Nous ne pouvons ressusciter les morts ! la lacune est réelle. Ceux qui l'ont vue dans son entier, cette noble série, comment ne gémiraient-ils pas de la retrouver mutilée, presque décapitée, et tout au moins privée de sa suprême distinction ? Eh bien ! ce que nous disons là des bronzes est, à tout prendre, peu de chose auprès de cette autre lacune qu'il nous faut signaler dans les vases. C'est ici que commencent nos plus grandes douleurs.

Expliquons-nous pourtant. S'il n'est question que d'archéologie, les consolations surabondent. Nous en avons pour garant le docte céramographe qui s'est engagé, dit-on, à dresser le catalogue général de cette immense collection de vases, et qui, par provision, pour satisfaire aux impatients, l'a déjà décrite et jugée dans un travail sommaire plein de science et d'intérêt. M. J. de Witte n'a pas l'enthousiasme bruyant et absolu des rédacteurs de notices officielles ; il sait trop bien tout ce qu'il y a d'endommagé, de frelaté, d'insignifiant, d'hétérodoxe, d'indigne de voir le jour dans ces quatre mille cinq cents vases qui nous sont dévolus, déduction faite des cinq cent quarante-deux qu'a prélevés la Russie ; mais quand il dit, quand il affirme, d'un accent convaincu, que dans cette cohue il y a pour la science d'inestimables trésors, et par exemple qu'aucun musée ne possède un nombre aussi considérable de vases à inscriptions corinthiennes, qu'on ne saurait trouver ailleurs autant de pièces de style asiatique, soit des temps les plus reculés, du type primitif, soit d'époques plus récentes et de travail plus compliqué, que nulle part on ne peut étudier d'après d'aussi nombreux modèles et sur des classements aussi certains, l'histoire des diverses fabriqués de la poterie italo-grecque et que jamais, entre autres particularités, on n'avait réuni autant de coupes, autant de petites amphores, à anses plates fabriquées par ce Nicosthène, artiste ou maître potier qui s'est donné, par exception, la peine de signer ses œuvres, ce qui leur assure l'honneur d'être payées au poids de l'or par la postérité ; quand ces faits sont dits et attestés d'un ton calme, réfléchi, sans emphase, par quelqu'un qui sait de quoi il parle, comment n'y pas ajouter foi ? Nous sommes donc rassurés sur ce point. Il y a dans ces milliers de vases autre chose qu'un splendide étalage ; il y a pour les savants matière, ample matière d'étude et de méditation. Cela suffit-il ? La céramique antique n'est-elle qu'un texte abstrait de problèmes archéologiques ? Cette délicate industrie qui dans le champ des créations plastiques est peut-être, après l'art monétaire, la part la plus entière et la moins altérée, nous dirions presque la plus vivante, de notre héritage des anciens, n'est-elle donc justiciable que de l'érudition ? Elle dépend aussi et tout autant d'un autre juge.

Entrez dans ces galeries où sont rangés en longues files ces quatre mille cinq cents vases ; n'ayez aucune notion d'archéologie céramique, aucun souci des provenances et des classifications ; ne vous intéressez à- ces vases ni parce qu'ils sont de façon corinthienne, à zones d'animaux superposés, ni parce qu'ils sont de style asiatique de telle ou telle antiquité, ni parce que la cuisson, la pâte ou la couverte vous révèlent qu'ils sortent de *Nola*, *d'Arrezzo*, de la *Basilicate* ou de tel autre lieu ; ne les distinguez que par la pureté, l'élégance, la noblesse des formes, l'harmonie des couleurs, la finesse du trait, le caractère du style, l'esprit et la beauté des figures et de la composition. Vous en avez le droit. L'art est ici dans son domaine, l'art livré à lui-même, sans autre auxiliaire qu'un goût plus ou moins sûr, plus ou moins exercé. Il y a donc deux manières également légitimes de juger la céramique, antique, la manière des savants, la manière des artistes, et comme le public, qui n'est pas plus artiste que savant, a cependant l'esprit plus accessible aux émotions de l'art qu'aux mystères de la science, il s'ensuit qu'une collection de vases doit faire d'autant plus d'effet et devenir d'autant plus populaire que l'art, abstraction faite de la science, y brille d'un plus grand éclat. Maintenant continuez votre course à travers cette forêt de vases. Vous en verrez sans doute, et presque par centaines, qui vous sembleront beaux, qui charmeront vos yeux par la noblesse ou par la grâce du style et des contours ; vous vous arrêterez, vous les admirerez, mais sans extase et sans ravissement. Ce sont des œuvres d'un grand mérite et d'un grand prix, seulement vous en avez vu à peu près de semblables dans tous les cabinets tant soit peu haut placés ; votre mémoire vous les rappelle. Il y en a d'aussi beaux, d'aussi parfaits au Louvre, il y en a parmi les antiques de la Bibliothèque impériale. Rien de hors ligne, rien qui défie toute comparaison. En un mot, cette supériorité que tout à l'heure M. de Witte nous révélait au nom de la science et que nous acceptions sur parole, nous ne la trouvons plus, nous la cherchons et n'osons pas la reconnaître, quand c'est au nom de l'art que nous devons parler.

Telle n'était pas, il y a cinq ans, l'impression que vous laissait la collection des vases au palais Campana. Vous traversiez d'abord certaines longues salles où votre admiration cherchait à s'échauffer sans parfaitement y réussir. C'étaient ces mêmes vases qui sont là devant nous, c'étaient au moins leurs frères, des vases froidement beaux, parfaits, irréprochables, qu'on ne croyait pas voir pour la première fois. Peu à peu, après cette préface, vous montiez un étage, et on vous ouvrait une salle où, mêlés à une partie des bronzes, notamment aux armures, s'élevaient certains vases de dimensions extraordinaires. Rien que par leur grandeur ils attiraient vos regards : ceux-là du moins, vous ne pensiez pas les avoir déjà vus. Tout au plus vos souvenirs de Naples vous en rappelaient-ils quelques-uns de semblables : il y en a dix dans le musée Bourbon, et au Vatican trois ou quatre ; vous en comptiez jusqu'à trente-cinq dans cette salle du palais Campana, presque tous d'aussi haute stature, de vrais géants, devant qui les plus grands du musée Charles X semblent tomber aux proportions moyennes. Quels étaient donc ces vases ? Un merveilleux produit des fouilles de Ruvo, petit pays voisin de la Basilicate, singulière trouvaille, vases de luxe et d'apparat, destinés, selon toute apparence, à décorer les temples et les grands édifices. Mais, dira-t-on, la taille n'est pas tout, et en effet, s'ils n'avaient eu pour eux que leur insolite grandeur, les vases de Ruvo auraient bientôt lassé votre attention ; mais vous n'aviez pas le temps d'épuiser cette première surprise, que déjà vous étiez frappés de la noble élégance, de la beauté sévère des peintures qui couvraient ces vases. Ce n'était pas ce trait rapide et comme improvisé, ce mélange piquant de fantaisie et de tradition qu'on rencontre dans les peintures de tant de vases moins fastueux : c'était un art plus solennel, cherchant évidemment non pas à obéir aux modestes inspirations d'un pauvre peintre de fabrique, mais bien plutôt à reproduire les souvenirs classiques, les œuvres en renom des peintres des grands siècles. La plupart des compositions développées sur les flancs de ces larges vases semblaient, par leur grandeur même et par leurs mâles beautés, trahir cette noble origine. Or, quand on pense qu'il ne nous reste rien de tous les trésors de style, de forme, de pensée, qu'on appelait la peinture grecque, cette seule hypothèse que nous indiquons-là ne donnait-elle pas aux vases de Ruvo une valeur inestimable ?

Eh bien ! tous ces grands vases, les trente-cinq, pas un de moins, et même encore quinze de plus, d'égale dimension, bien que d'autre origine, tous maintenant ils sont à l'Ermitage. On n'en a pas laissé même un échantillon. Ce n'est plus un simple prélèvement, comme tout à l'heure pour les bronzes ; le coup de filet est complet : au lieu de choisir, on a tout pris.

Et par malheur c'est ce même système, ce procédé radical, cet accaparement sans partage qui a été mis en pratique dans une autre section de la série des vases, tout autrement précieux, à notre avis, même que les vases de Ruvo. Ceux-ci n'ont en effet, à l'exception de leur grande taille et d'une certaine perfection relative, rien au fond qui les caractérise, rien qui les classe à part de tous les autres vases ; ils sont de même genre, décorés de même style, peints des mêmes couleurs, tandis que nous allons parler d'une catégorie absolument nouvelle, où le système décoratif est fondé sur un autre principe que dans tous les vases peints jusqu'à présent connus. Aussi ne saurions-nous dire quelle fut notre émotion en entrant dans la salle où ces trésors étaient gardés. Nous étions prévenu pourtant ; nous savions ce qui nous attendait. À son retour de Rome, en janvier 1854, M. Raoul Rochette avait écrit au savant professeur de Berlin, M. Gerhard, une lettre rendue publique, dans laquelle nous avions lu ces mots : « J'ai vu à Rome, chez M. Campana, les principaux résultats des fouilles de Cumes, acquis de son altesse royale le comte de Syracuse et d'autres particuliers. Dans le nombre de ces objets, il y a un vase qui est unique au monde par la beauté de la fabrique et par une circonstance, jusqu'ici encore sans exemple, qui le rend le monument le plus célèbre peut-être de la céramique grecque venu jusqu'à nous. C'est un vase de très grande proportion, à trois manches, à vernis noir, le plus fin et le plus brillant qui se puisse voir : il est orné à plusieurs hauteurs de frises sculptées en terre cuite et dorées ; mais ce qui lui donne une valeur inestimable, c'est une frise de figures de quatre à cinq pouces de hauteur, sculptées en bas-relief, avec les têtes, les pieds et les mains dorés, et les habits peints de couleurs vives, bleues, vertes, du plus beau style qui se puisse imaginer. Plusieurs têtes, dont la dorure s'est détachée, laissent voir le modelé, qui est aussi fin, aussi achevé que celui du plus beau camée antique. En résumé, c'est une merveille à laquelle je ne connais rien de comparable. » Un tel témoignage, à coup sûr, nous préparait à ouvrir de grands yeux. Même en faisant la part de cette exagération naturelle que tout voyageur se permet en racontant ses découvertes, nous ne pouvions douter qu'il n'y eût là quelque chose de tout à fait considérable, une véritable nouveauté. Eh bien ! nous n'aurions eu aucun avis, nous serions venu sans rien savoir, comme au hasard, que notre étonnement n'eût pas été plus grand. D'abord la lettre ne parlait que d'un seul vase, et en effet on commençait par n'en voir qu'un, tant celui-là éclipsait tous les autres ; mais en réalité ils étaient plus de vingt, tous à frises dorées, tous revêtus de ce beau vernis noir, si brillant et si fin, et ne se distinguant les uns des autres que par la diversité des formes. C'était déjà un saisissant spectacle que cet ensemble inattendu et cette unité de décors ; puis chaque vase pris à part semblait un modèle d'élégance. Rien d'aussi pur et d'aussi distingué que l'ornementation de ces frises, simple branche de feuillage sculptée en relief et vivement dorée, se détachant sur ce fond noir comme une ceinture autour du vase. Où aviez-vous vu rien de semblable ? Quel cabinet, quel musée vous en offrait le moindre exemple ? Et ce n'était pas une pièce isolée, c'était un groupe, une famille, vingt-trois vases en un mot, faisant cortège, pour ainsi dire, à celui qui les dominait tous, comme un monarque dans sa cour. Pour le décrire, ce roi des vases, les paroles que nous avons citées, quelque vives et presque hyperboliques qu'elles puissent paraître, n'en sont pas moins encore tout à fait impuissantes. Ici les feuilles d'or n'étaient plus l'ornement principal ; bien que plus importantes et plus multipliées, elles servaient seulement d'accompagnement, de cadre à la véritable frise, à ce bas-relief circulaire formant autour du vase comme un cordon de figurines, délicieux spécimen de statuaire polychrome. L'esprit, la pose, l'attitude de ces douze divinités (c'est bien là leur nombre, ce nous semble), la finesse du modelé, la douce harmonie des teintes, et avant tout la franchise du style, également exempt d'archaïsme et de convention, accusant nettement les beaux temps de l'art grec, nous ne savons pas de mots pour peindre tout cela, pour en donner seulement une idée.

Comprend-on maintenant nos regrets ? Quel effet eût produit dans nos salles du Louvre l'apparition de ces vases de Cumes en compagnie des vases de Ruvo ? A la bonne heure, c'était, là quelque chose qu'on pouvait annoncer, prôner autant qu'on eût voulu, sans crainte d'en trop dire, sans préparer de mécompte à personne. Les ignorants comme les doctes, tout le monde eût été pris. Le grand vase de Cumes surtout est un de ces chefs-d'œuvre d'un effet infaillible. Nous ne craignons pas de dire que depuis la Vénus de Milo aucune œuvre de l'antiquité n'aurait excité chez nous, dans un genre différent, une admiration plus vive, plus populaire, et exercé sur le goût un plus salutaire effet. Ne pas l'avoir, c'est donc un crève-cœur. Autant nous nous félicitons que, dans un accès de libéralité grandiose, le pays se soit fait cadeau de cette immense galerie, autant pour nous c'est chose triste qu'il faille y constater une telle lacune. Était-ce une raison pour ne rien acquérir, et parce qu'on arrivait trop tard fallait-il renoncer à tout ? non, assurément non ; mais c'était un motif, quelques compensations qu'on offrît aux artistes et surtout aux savants, de ne manifester qu'une joie plus modeste, un enthousiasme plus tempéré, et de ne pas provoquer, chez l'étranger surtout, de trop faciles représailles. Il fallait dire tout franchement ce que nous n'avions pas, ne se vanter que de ce que nous avions, et par exemple ne pas admettre qu'une des notices qui se vendent à la porte de l'exposition désignât sous ces mots : la *fameuse* coupe de Cumes, une pièce de dimension moyenne, trouvée à Cumes en effet et jusqu'à un certain point décorée dans le même goût que le grand vase dont nous venons de parler, mais sans qu'il en résulte entre les deux objets une sérieuse ressemblance. D'abord la couverte noire n'a jamais existé sur la coupe : le fond, les parties lisses portent des traces de peinture bleue, laquelle, ainsi que la dorure des ornements et des figures, est presque totalement rongée ; et quant à la décoration en relief, elle est sans doute, dans cet échantillon de la poterie de Cumes encore plus riche que dans les autres, mais aussi plus chargée, d'un goût moins pur, les figurines sont d'un style moins sévère, d'une exécution plus lâchée ; en un mot, cette coupe, bien que d'un très grand prix et d'une vraie magnificence, n'a pas droit à l'excès d'honneur qu'on veut lui décerner. Le seul morceau de céramique provenant des fouilles de Cumes qui soit vraiment *fameux* par excellence, et qu'on puisse désigner ainsi, c'est le grand vase qui n'est pas à Paris. N'insistons pas sur cette appellation fautive : ce n'est qu'un détail, un simple indice du diapason qu'on a choisi.

Au reste, notre coupe de Cumes, fameuse ou non, couronne une vitrine qui renferme de vrais trésors aussi bien pour l'artiste que pour l'archéologue. C'est la partie fantastique et grotesque de la céramique antique. Cet art italo-grec, si attentif, en fabriquant ses vases, presque toujours si simples, à subordonner le caprice au bon goût et à la raison, se permettait parfois de charmantes débauches. C'était le vase à boire et le vase à parfums qui lui inspiraient ces licences. Pour plaire aux voluptueux et aux buveurs, il feignait d'oublier la raison, mais sans jamais trahir le bon goût et la grâce. De là ces variétés de formes singulières, inattendues, bizarres, ces rhytons à têtes d'animaux, à têtes d'hommes, à doubles têtes, ces quadrupèdes, ces grillons, ces reptiles, ces fleurs, ces fruits transformés en motifs de vases. Quelle étrange manie ! Se moquent-ils de nous, ces céramistes ? se moquent-ils d'eux-mêmes ? Non, sous ces extravagances, partout vous retrouvez l'élégance et le style, parfois même les plus sérieux chefs-d'œuvre, témoin ce vase à double tête représentant Alphée et Aréthuse, délicieux contraste, adorables figures, profils dont la beauté ne serait pas vaincue par les plus pures médailles d'Athènes ou de Syracuse.

En face de cette vitrine on se sent à son aise, même en pensant à M. Guédéonov. Rien n'aide à supporter la richesse des autres comme d'avoir son coffre bien garni. Ici du moins nous rentrons dans le premier système, dans le simple prélèvement. Plus d'accaparement complet. Parmi ces vases de forme singulière, deux cent trente-trois pièces, et des meilleures, on peut le craindre, nous ont été soustraites : c'est beaucoup ; mais on nous a laissé de telles compensations que nous ne songeons pas à nous plaindre. Ajoutons que dans quelques sections, et des plus précieuses scientifiquement parlant, telles que les vases de Cœre et les vases à inscriptions corinthiennes, on nous a tout laissé, rien ne nous manque. Et enfin c'est encore une bonne fortune que d'avoir sauvé du naufrage un des produits les plus extraordinaires de la céramique antique, ce groupe funèbre découvert à Cœre et désigné sous le nom de tombeau lydien, œuvre étrange, à la fois raffinée et barbare, et d'un type oriental tellement prononcé, qu'on croit entendre ces deux époux confirmer de leurs bouches les récits d'Hérodote sur le berceau des peuples d'Étrurie.

La série céramique une fois épuisée, nous n'avons plus à constater de la part de la Russie que des conquêtes de peu de conséquence, et rien qui nous inspire de sérieux regrets. Ainsi le grand camée en calcédoine représentant l'impératrice Livie et l'anneau d'or joint au camée, qui reproduit les mêmes traits, ne sont pas, ce nous semble, des pièces introuvables ; et quant aux fresques de la *villa Spada*, sans pouvoir en juger par nous-même, faute de les avoir vues, nous hésitons beaucoup à croire que Raphaël en soit l'auteur. La tradition qu'on invoque semble suspecte à bien des gens. M. Passavant la rejette, et quoique les arrêts du célèbre critique ne soient pas, selon nous, toujours irréfragables, il y a tout lieu de croire qu'en cette circonstance il n'use que d'un droit de juste sévérité. Nous pensons donc qu'on peut se résigner sans peine à voir ces fresques à l'Ermitage.

Section II

Et maintenant nous touchons au port. *Vix tandem redit animus* ! Nous n'apercevons plus devant nous que des séries restées vierges, qui sont à nous, et tout entières. Nous en avons fini avec les Russes. Il y a bien encore les Anglais, qui, eux aussi, prétendent s'être mis à table avant nous et avoir dégusté quelques prémices du festin. C'est le conservateur du musée de *South Kensington* qui a mis récemment en lumière ce trait d'habileté britannique. En publiant le catalogue des richesses confiées à sa garde, il s'est permis à notre adresse une préface tant soit peu railleuse, où il se vante d'avoir acquis du marquis Campana la plupart des sculptures italiennes des XVe et XVIe siècles qui ornent le musée anglais. Il paraît que, vers les derniers temps qui précédèrent son désastre, le marquis travaillait à cette collection. Ce fut probablement alors que le marché se conclut. Parmi ces marbres, œuvres de Ghiberti, de Donatello et d'autres maîtres de cet ordre, se trouve une vraie perle, l'Amour adolescent de Michel-Ange. On nous a, par consolation, permis de le mouler. Le plâtre est déposé dans la salle des moulages, exécutés sous les auspices de M. Ravaisson : figure charmante, originale et fièrement conçue, une des œuvres où ce puissant génie s'est élevé dans l'expression du nu à sa suprême perfection, les accents de son style s'y faisant clairement sentir, tandis que ses défauts n'ont pas encore toute leur plénitude et ne se montrent qu'avec timidité.

Ce rare chef-d'œuvre et les marbres d'élite dont il est entouré ne seraient pas un renfort inutile pour relever, pour ennoblir la part de l'art moderne dans le musée Campana. Évidemment, ce très habile collectionneur estimait peu la renaissance, et pas du tout le moyen âge, ou s'il en avait l'amour, le hasard l'avait bien mal servi. Cette partie moderne de sa collection est tellement inférieure à la partie antique, qu'on est d'abord tenté de croire qu'elles ont été formées par deux hommes de caractère et de goût différent, l'un cherchant le précieux, le rare, — l'autre, moins exigeant, se contentant de peu. Il semble qu'il n'ait pris la peine de recueillir tous ces débris des arts modernes que pour faire un pendant à sa vraie collection, par pur esprit de symétrie, pour avoir l'air d'un homme universel et impartial dans ses goûts. Là n'était pas sa vocation. Il n'est vraiment lui-même, il n'a tout son instinct, tout son coup d'œil, et même aussi tout son bonheur, qu'en explorant l'antiquité. Nous convenons que les heureuses chances, les occasions de découverte sont tout autrement rares, dès qu'on entre dans les temps chrétiens. Il n'y a plus ces tombeaux, ces nécropoles, ces chambres sépulcrales parées de bijoux, de vases ou d'armures, petits musées enfouis en bon ordre, que la terre nous conserve comme un gardien intègre et sûr, et qu'elle nous livre peu à peu, pour nous aider dans nos énigmes et ruiner tour à tour ou confirmer nos conjectures. Avec le genre de sépulture pratiqué dans l'antiquité, il y a toujours du nouveau possible en archéologie, tandis que le culte des morts tel que l'entend le christianisme nous interdit l'espoir de telles conquêtes, ou ne l'autorise que dans des cas si rares qu'il n'y a pas même à en parler. Toutes les créations de l'art moderne nous sont à peu près connues : elles changent de main, et voilà tout. Rien d'enfoui, rien d'oublié. Une fois par siècle, tout au plus, on assiste à quelque surprise, on retrouve un trésor perdu, une Vierge du palais Tempi, une fresque de S. Onofrio. Pauvre ressource pour les collectionneurs ! Jamais de grands coups de dés comme Pompéi ou Corneto, Stabies ou Velletri, jamais de ces veines soudaines qui rajeunissent la science, de ces mines inespérées qui décuplent nos vieux trésors. On pourrait presque dire que l'art antique a sa Californie : il y a pour lui de l'or sous terre, de l'or en purs filons, tandis que l'art moderne, l'art du moyen âge et des trois derniers siècles, tout son or est déjà monnayé, et cette monnaie qui circule va chaque jour en s'effaçant.

On comprend donc que notre collectionneur, tout avisé qu'il fût, quelque souci d'ailleurs qu'il y prît, quelque argent qu'il y mît, et même en lui supposant ce goût spécial et ce genre d'aptitude dont nous persistons à douter, ne soit pas parvenu, dans le cercle des arts modernes, à se créer une collection plus remarquable et vraiment digne de sa galerie d'antiquités. Il eût fallu s'y prendre vingt ou trente ans plus tôt, et surtout ne pas viser au nombre, n'aspirer qu'à la qualité. Telle qu'elle est cependant, nous sommes loin de professer pour cette collection le dédain absolu qu'affectent quelques personnes. Qu'on y regarde bien, tout n'est pas médiocre, il s'en faut de beaucoup. Il y a d'excellentes choses ; mais rien ne vous séduit, ne vous attire, rien ne brille d'un véritable éclat. Il faut grande attention, presque un certain travail pour écarter l'ivraie et trouver le bon grain, et ce bon grain lui-même ne va jamais jusqu'au chef-d'œuvre. Nous avons parcouru un à un les six cent quarante-six tableaux de tous les âges, de toutes les écoles, dont se compose la série de peinture ; nous avons regardé avec le même soin les quatre-vingt-quatorze morceaux de la série de sculpture, marbrés, stucs, terres cuites naturelles ou émaillées, plus six cent quarante-deux majoliques de formes variées et de diverses fabriques, en tout près de quatorze cents objets ; nous les avons jugés sans prévention, sans tenir compte du catalogue et sans nous révolter d'attributions qu'on ne donne, il est vrai, que sous toutes réserves, mais qui n'en ont pas moins le grand défaut de supposer chez le lecteur un degré de patience et de crédulité trop au-dessus de la moyenne ; notre but était d'apprécier quel est, dans cet ensemble, le véritable nombre d'objets d'un prix réel, d'objets dignes d'entrer sans disparate et sans mésalliance dans une grande et noble galerie ; nous ne voulons pas dire à quel chiffre nous sommes arrivés.

Ainsi de toutes les séries du musée Campana qui n'avaient avant nous souffert aucune atteinte et que nous possédons sans partage, en voilà trois dont la virginité nous touche médiocrement. Que n'ont-elles excité les désirs de ce musée de l'Ermitage ! Si au lieu de marbres antiques, de bronzes, de vases peints, il n'avait convoité que des tableaux italiens d'attribution douteuse, des majoliques estimables, des sculptures florentines de second choix et un peu retouchées, il aurait pu tout à son aise écrémer, prélever, et même accaparer tant qu'il aurait voulu, sans nous causer la moindre peine ! A défaut de cette consolation, il est vrai qu'on en invente une autre. On nous dit que si ces trois séries ne sont pas riches en chefs-d'œuvre à proprement parler, ceux qui s'en aperçoivent ont grand tort de se plaindre ; que c'est ne pas comprendre l'esprit, le caractère, l'intérêt de cette collection ; que son véritable but est d'enseigner l'histoire de l'art, et que dans ces trois séries notamment » on apprendra ce qu'a été en Italie l'art de la *majolique* ou de la *faïence*, depuis les premiers emprunts faits aux Arabes en Sicile jusqu'à la fin du XVIIe siècle, et que de plus on y suivra l'histoire non interrompue, des progrès et de la décadence de la peinture italienne depuis les Byzantins jusqu'aux Carraches, sans compter quelques *spécimens* de la statuaire italienne, depuis Donatello jusqu'à Michel-Ange. »

Si dans ces trois séries on apprend en effet tout cela, elles sont alors le musée des musées, et les chefs-d'œuvre ne servent plus à rien. Étrange prétention que d'enseigner l'histoire de l'art à coups de médiocrités ! de dire aux gens : Vous parcourez ces grandes salles d'un air distrait et ennuyé, c'est vrai, vous n'avez pas à admirer grand'chose, mais vous prenez une bonne leçon ! — Quelle leçon ? Que leur apprenez-vous ? La leçon n'est bonne, selon nous, qu'à leur faire désapprendre le peu qu'ils savent déjà, s'ils ont vu quelques œuvres de maîtres. Ce que vous leur donnez est un grimoire qui les embrouille au lieu de les guider, et où les plus habiles ne trouvent pas leur route. Point de chronologie de l'art sans grands jalons, sans points fixes qui permettent de s'orienter. Avant tout, des chefs-d'œuvre, les chefs-d'œuvre de chaque époque, puis dans les rangs secondaires des œuvres d'une authenticité certaine. Or vous ne nous offrez ni l'un ni l'autre de ces moyens d'étude. Des chefs-d'œuvre, vous n'en avez pas, et quant aux œuvres honnêtes, sans flamme et sans noblesse, que vous étalez par centaines, les unes sont classées au hasard, attribuées, sans qu'on sache pourquoi, à telle ou telle époque, à tel ou tel artiste. Or que conclure, et comment raisonner sur des attributions douteuses ? Les autres ont des dates ou des auteurs certains ; mais leur authenticité même devient parfois une chance d'erreur, une cause de trouble et de complication. Expliquons-nous par un exemple. Voyez cette Madone cataloguée sous le n° 90 : ce n'est pas seulement une vierge archaïque, c'est de la peinture barbare, une œuvre humiliante pour l'époque qui l'a vue naître. Pourquoi donc est-il là, ce tableau ? Parce qu'il est daté, parce qu'il porte le millésime,1454, évidemment contemporain de la peinture elle-même, précieuse aubaine pour une collection qui veut être avant tout historique. Mais ceux qui liront cette date, quelle leçon voulez-vous qu'ils en tirent ? Etait-ce là, au cœur du XVe siècle, l'état de l'art en Italie, et en particulier l'état de la peinture, après Masaccio, mort depuis quatorze ans, lorsque l'Angelico vivait encore, lorsque de tous côtés s'avançaient de grands peintres, lorsque chaque jour enfantait un chef-d'œuvre ? Votre tableau *daté* n'est donc que l'œuvre infime de quelque obscur retardataire. Que vient-il faire ici ? Troubler les idées acquises au lieu de les clarifier. Le seul trait de lumière qu'il nous donne, c'est qu'on trouve de mauvais peintres dans tous les siècles, même au XVe. Est-il besoin d'un musée historique pour découvrir cette nouveauté-là ? Et notez qu'en parcourant ces salles, nous pourrions presque à chaque pas vous signaler des pièges de ce genre dressés contre ce bon public que vous prétendez enseigner.

Encore un coup, nous ne voulons pas dire que dans ces six cents tableaux tout soit à dédaigner. Non, vous avez là quelques panneaux d'un style vraiment naïf, de saintes légendes franchement exprimées, qui, toute réserve faite quant aux attributions, pourront très bien tenir leur place et combler de fâcheuses lacunes dans notre galerie du Louvre, si pauvre en tableaux archaïques. Élaguez sans ménagement, et vous tirerez quelque chose de votre collection ; mais ne prétendez pas nous en faire admirer l'ensemble, et surtout ne la donnez pas pour une histoire complète de la peinture en Italie. Non-seulement elle enseigne mal et risque plus souvent d'égarer ceux qui savent que d'instruire ceux qui ne savent pas ; mais elle commet un péché qui pour nous est plus irrémissible : elle calomnie, dans la personne de leurs principaux chefs, auprès de ceux qui n'ont jamais quitté la France, les écoles primitives d'Italie. Ces adorables maîtres qu'on ignore à Paris, abuser de leurs noms et nous les présenter sous cet aspect terne et morose, sans vie, sans poésie, sans soleil, il y a de quoi guérir à tout jamais du désir de les connaître mieux !

Et maintenant que dire de la série des majoliques et de celle des sculptures émaillées ? Si nous jugions de la valeur des choses par le prix qu'on en peut tirer, ces deux séries auraient sur la première un avantage incontestable. Un grand nombre de ces majoliques, sans être de premier ordre, ne semblent pas inférieures à celles qui depuis quelque temps, dans les ventes publiques, sont poussées à des prix vraiment étourdissants. En fait de plats de Gubbio par exemple, ceux de la collection Soltykoff n'étaient guère plus étincelants, plus chatoyants que ceux-ci, et vous savez ce qu'on les a vendus ; mais ce genre de mérite, tout précieux qu'il soit, est-il de ceux dont il faut tenir compte dans une collection publique ? Est-ce seulement la fantaisie, l'engouement passager des amateurs de bric-à-brac qu'il convient de consulter ici ? Ne sont-ce pas des raisons plus durables ? Outre la réussite matérielle, outre la pâte et la cuisson, ne faut-il pas songer à la grandeur, à la beauté des formes, à la perfection des peintures, à l'élégance de la décoration ? Pour figurer dans un musée, suffit-il qu'un objet ait chance de se bien vendre ? Ne faut-il pas qu'il porte un certain caractère de haute distinction ? Or que voit-on dans cette salle, outre quelques beaux plats ? quelle pièce peut-on citer qui sorte du vulgaire comme forme et comme style ? Si vous nous montriez soit les vastes aiguières et les admirables vases du cabinet des majoliques à Florence, soit seulement quelques morceaux de choix comme on en voit à l'hôtel de Cluny, à la bonne heure, on se résignerait en faveur de ces nobles œuvres à votre multitude d'insignifiantes raretés ; mais telle n'est pas la collection des majoliques au musée

Campana. Aussi, même en l'épurant, jamais vous n'en ferez sortir qu'une mesquine et incomplète image de cette grande branche de l'art italien.

À plus forte raison faut-il désespérer aussi de la série des sculptures, bien qu'il soit juste cependant d'y signaler au moins trois charmantes esquisses, trois petits bas-reliefs, tout à fait dignes d'attention, l'un (n° 81) attribué, avec quelque apparence de raison, à Michel-Ange, les deux autres (nos 6 et 7) d'une main inconnue, mais suave et délicate. Quant aux pièces plus importantes, les marbres proprement dits, bas-reliefs et statues, nous ne les avons pas, on vient de voir qu'ils sont à Londres. Aussi, pour nous, cette série de sculptures modernes se compose presque exclusivement de terres cuites émaillées à la manière des della Robbia. Pauvres della Robbia ! que d'excuses à leur faire ! ils ne sont guère mieux traités que les grands peintres leurs contemporains. Quelle façon de les faire connaître dans ce pays, où leurs vrais chefs-d'œuvre n'ont jamais pénétré ! Les accuser de ces froids médaillons ! les confondre avec leurs derniers élèves et leurs plus faibles imitateurs ! N'insistons pas, mais hâtons-nous de quitter cette salle et toute la partie moderne de l'exposition. Rentrons dans le salon carré, c'est-à-dire sur le sol antique. Nous aurons par bonheur de quoi nous dédommager. Trois séries nous attendent, trois séries vraiment belles, d'une richesse incomparable, où personne avant nous n'a glané, et où le premier fonds s'est encore enrichi de quelques additions heureuses. Ces trois séries sont les verres antiques, les terres cuites et les bijoux.

L'art, dans les verres antiques, ne joue pas un grand rôle ; aussi c'est à l'archéologue bien plutôt qu'à l'artiste que s'adressent les nombreux trésors enfermés dans ces trois vitrines. Sauf quelques petites pièces, quelques coupes charmantes, imitant le saphir, le jaspe et d'autres pierres précieuses, sauf une vraie merveille, un verre à boire intact, autour duquel des pampres bleus serpentent en relief, on n'y peut signaler que d'utiles documents, soit sur la vie privée et les usages domestiques, soit sur l'état de l'industrie chez les anciens. La grandeur, la transparence plus ou moins irisée, les formes plus ou moins bizarres, l'état de conservation de chaque pièce, voilà ce qui donne ici matière aux observations. Nous nous abstiendrons donc, en nous contentant d'affirmer qu'à moins d'aller à Naples, nulle part on ne saurait trouver un choix aussi complet et aussi remarquable de cette sorte de monuments.

Mais s'il suffit d'un coup d'œil pour parcourir ces trois vitrines, quel temps nous faudrait-il si nous voulions dire au lecteur tout ce qu'il y a d'élégance, de grâce, d'ingénieuse invention, de perfection presque incompréhensible dans ces soixante-quatre écrins disposés en cercle, sur deux rangs, au centre de ce grand salon ! Il n'est pas un de ces bijoux qui ne mérite un regard, un regard attentif, et souvent une étude. Chacun de ces diadèmes, de ces colliers, de ces pendants d'oreilles, la moindre de ces bagues, la plus simple de ces fibules, est une œuvre considérable, qu'on nous passe le mot, une œuvre d'art, une composition savante qui a droit à notre admiration, tantôt par l'infinie variété des détails, l'imperceptible finesse de ces méandres granulés, prodiges de ciselure et de soudure, dont d'ingénieux imitateurs n'ont encore retrouvé qu'en partie le secret, tantôt par la simplicité et la sobriété incomparables des contours et du style. Et ce ne sont pas seulement des leçons de bon goût que ces bijoux nous donnent, ce sont presque des leçons d'histoire Autant les grandes salles tapissées de tableaux que nous venons de traverser nous en ont peu appris sur l'art italien du XVe et du XVIe siècle, autant ces petits écrins et ces parures de femmes nous aident à comprendre et à sentir l'antiquité. Voilà des monuments qui disent quelque chose, qui ont vraiment un langage. Toute une civilisation se révèle dans ces splendides futilités. On peut dire qu'elles évoquent et font revivre devant nous l'étrange état de société qui les a fait éclore.

Et maintenant si vous entrez dans la salle voisine ; si de l'or vous passez à l'argile, vous retrouvez même élégance, même délicatesse, même richesse d'invention, même luxe de détails, même chasteté de style., La matière n'y fait rien, l'art est partout le même, aussi pur, aussi fin, presque aussi raffiné dans la demeure la plus modeste que dans le plus somptueux palais. Il sait s'abaisser sans déchoir, se prêtant à tous les usages, ennoblissant tout ce qu'il touche. Son esprit et ses traditions remplissent cette société, la possèdent et la vivifient. Il en est l'âme ; lui seul, il la soutient, il la relève et la console.

La sculpture de terre cuite, si humble de matière, de travail si modeste, cette sculpture économique, expéditive, presque de pacotille, sorte de carton-pierre des anciens, n'en est pas moins, à notre avis, un des sujets d'étude les plus féconds et les plus attrayants, un des plus sûrs moyens de mesurer la portée, de sonder la puissance de l'art dans l'antiquité. Aussi la salle où nous venons d'entrer, cette longue et immense salle, garnie, d'un bout à l'autre, de fragments de ce genre, est-elle, selon nous la partie la plus neuve, la plus originale de toute la collection Campana. Des figurines de terre cuite, des lampes, des antéfixes et autres menus objets, on en voit et en assez grand nombre dans la plupart des cabinets d'Europe : nous en avons au Louvre de délicieux échantillons ; mais ici, c'est tout autre chose. D'abord les figurines, les lampes, les antéfixes se multiplient par centaines et comme à profusion, puis il s'y joint une suite innombrable de monuments encore plus rares, ou du moins presque introuvables, ailleurs, sorte de grandes tuiles, ou plaques rectangulaires, sculptées sur une seule face, et destinées évidemment à s'incruster comme des bas-reliefs soit dans les parois extérieures, soit même à l'intérieur des portiques et des habitations. C'étaient probablement les bas-reliefs de la petite propriété, de ceux qui, pour décorer leur maison, hésitaient à faire sculpter le marbre. Application charmante de l'art à l'industrie ! Devant ces fermes saillies et ces vives arêtes, comme ce pauvre carton-pierre, avec ses contours baveux, fait misérable figure ! Quels trésors que ces plaques sculptées ! quelle variété de motifs ! quelle symétrie sans froideur ! quelle grâce dans ces rinceaux ! quel mouvement dans ces personnages ! C'est le génie de l'ornementation. La plupart de ces bas-reliefs sont empruntés sans doute à des œuvres connues, à des œuvres de maîtres, mais ajustées, modifiées, réduites avec un bonheur sans égal. Quiconque, entre ces deux haies de sculptures animées, souples et intelligentes, restera froid, et ne sentira pas, comme s'il se promenait dans les rues de Pompéi, renaître devant soi les générations qui vécurent sous les lambris, sous les portiques que ces terres cuites ont décorés, nous le tenons pour rebelle à tout sentiment de l'art. C'est un Pompéi en miniature que cette partie du musée Campana. L'effet, comme à Pompéi, est un effet de masse ; il ne résulte pas de tel ou, tel objet plus merveilleux, plus exquis que les autres, il provient de l'ensemble. Il y a des sommités, mais peu saillantes. Ce qui est saisissant, c'est cette ampleur, cette abondance, c'est cette variété sans fin que domine partout une grande unité.

Louis Vitet

Aussi nous voudrions qu'au Louvre on ne négligeât pas ce légitime moyen d'effet, que, sous prétexte de double emploi et parce que certaines pièces sont plusieurs fois répétées (mais toujours avec variantes), on n'allât pas pousser trop loin en faveur des musées de province le système des libéralités. En un mot, nous souhaitons qu'on maintienne et qu'on expose ensemble, dans un même vaisseau, s'il est possible, ces innombrables terres cuites. Pour cela, rien n'oblige à trouver un local aussi vaste que cette salle où maintenant nous les voyons, car, il faut bien le dire, malgré la prédilection que cette série nous inspire, elle a besoin, comme ses sœurs, d'une certaine épuration ; mais après qu'elle l'aura subie, quand une fois on l'aura purgée de ses scories, des pièces équivoques, des surmoulages et des restaurations, elle n'en sera pas moins tellement nombreuse encore qu'un peu de bonne volonté deviendra nécessaire pour ne pas trop la disperser. Nous aurions, quant à nous, un sérieux plaisir à la revoir ainsi, sans alliage, dans sa demeure définitive, et ce serait alors le moment d'aborder les nombreuses et difficiles questions d'esthétique et d'histoire que ces sculptures soulèvent, surtout quand on les compare aux bijoux, leurs voisins. Pour aujourd'hui, nous ne devons pas même effleurer ces problèmes : c'est bien assez de ce coup d'œil d'ensemble jeté sur la collection.

Somme toute, parmi les diverses séries dont la primeur nous est restée, il en est trois, deux surtout, qui rehaussent singulièrement et la valeur et l'importance de notre acquisition. À nos yeux, nous le disons encore, ces terres cuites et ces bijoux sont la partie, non pas la plus brillante, entendons nous, mais la plus neuve et la plus vitale de toute la collection. Eût-il fallu pour en faire la conquête acquérir tout le reste, quand tout le reste n'eût rien valu, le marché, si onéreux qu'il semble, aurait encore son bon côté. Or il s'en faut que tout le reste soit, comme on l'a vu, sans valeur. Quelques bons marbres, des bronzes remarquables, une multitude de vases que la science tient en sa haute estime, enfin, même à l'étage le plus disgracié, des objets d'un grand prix et çà et là d'un vrai mérite, tout cela forme un ensemble qui, joint à ces deux séries qui vont placer notre musée en si bon rang devant l'Europe, nous permettra de braver avec philosophie les sarcasmes et les sourires de nos plus malicieux voisins. Toutefois, comme le vrai moyen d'avoir les rieurs pour soi est de ne pas paraître dupe, sachons-le bien, le but que nous nous proposions n'est pas celui que nous avons atteint. Nous cherchions l'éclatant, c'est le solide que nous avons trouvé. Nous prétendions tirer un grand feu d'artifice, la poudre n'a pas pris feu, mais n'est pas hors d'usage et peut avec profit rentrer à l'arsenal. Quand on n'échoue que pour bien faire, il n'y a pas après tout grand'raison de se plaindre. Le plus ambitieux projet se pardonne aisément quand il n'a d'autre pis-aller qu'une œuvre utile et raisonnable.

ISBN : 978-1976288685

www.ingramcontent.com/pod-product-compliance
Lightning Source LLC
Chambersburg PA
CBHW050252230526
45470CB00005B/2229